Bibliografische Information der Deutschen Nationalbibliothek: Die Deutsche Nationalbibliothek verzeichnet diese Publikation in der Deutschen Nationalbibliografie; detaillierte bibliografische Daten sind im Internet über dnb.dnb.de abrufbar.

Wunscherfüllung mit Sigillenmagie
2. Auflage Juli 2017
© W.J. Marko, Altlichtenwarth Österreich
Alle Rechte vorbehalten
Herstellung und Verlag:
BoD – Books on Demand, Norderstedt
ISBN: 9 783839 10364

Werner Marko

WUNSCHERFÜLLUNG MIT SIGILLENMAGIE

Ein Praxisbuch mit zahlreichen fertigen Sigillen zur sofortigen Umsetzung Ihrer ganz persönlichen Wünsche

WUNSCHERFÜLLUNG MIT SIGILLENMAGIE

Sigillenmagie ist richtig angewendet eine machtvolle Form der Magie, in der so genannte Sigillen benutzt werden. Sigillen sind graphische Symbole, die aus Buchstaben gebildet werden und anschließend in unser Unterbewusstsein transformiert werden. Das Wort „Sigille" stammt von dem lateinischen Wort „Sigillum" ab, was soviel wie „Bildchen" oder „Siegel" bedeutet.

Sigillenähnliche Symbole wurden bereits in der Antike auf Amuletten oder Talismanen verwendet. Wie die Geschichte der Magie zeigt, wurden auch hier immer schon Siegel verwendet, mit denen man Geistwesen, Götter oder Dämonen anrief oder zu bannen versuchte.

Sigillenmagie arbeitet mit dem Unterbewusstsein. Hier steht als erstes die Wunschformulierung, welche sehr sorgfältig gewählt werden muss, da unser Unterbewusstsein die ihm aufgeprägten Muster perfekt verarbeitet. Dann wird der Wunsch schriftlich notiert und daraus die passende Sigille gebildet.

Nun wird mittels Aufladung der Sigille der Wunsch in unser Unterbewusstsein Transformiert um sich zu erfüllen.

Zusammenfassend noch einmal die drei wichtigen Schritte der Sigillenmagie:

1. Wunschformulierung
2. Sigillenerstellung
3. Transformation

Sehen wir uns nun die einzelnen Schritte in der Praxis an.

1. Wunschformulierung

Die korrekte Wunschformulierung ist ein sehr wichtiger Teil der Silligenmagie, da unser Unterbewusstsein die aufgeprägten Informationen sehr perfekt verarbeitet und umsetzt dies jedoch oft in anderer Art und Weise als dies unser Wachbewusstsein tut. Wir sollten dabei immer dem Leitspruch folgen „Positive Wunschformulierung". Denken Sie immer daran, dass unser Unterbewusstsein auch negative Sugesstionen umsetzt. Deshalb muss man sehr darauf achten, mit welchen Informationen wir unser Unterbewusstsein füttern.

Nehmen wir als Beispiel Sie haben Streit mit Ihrem Nachbarn.

Um diesen Streit beizulegen kann man den Wunsch auf viele verschiedene Arten formulieren, jedoch sind nicht alle Formulierungen für unsere Arbeit hilfreich und sinnvoll.

Formulieren wir nun den Wunsch um den Streit aus der Welt zu schaffen auf verschiedene Arten und sehen uns dabei an, was unser Unterbewusstsein damit treiben kann.

Ich möchte meinen Nachbarn nicht mehr sehen
Nun bei einem heftigen Streit eine durchaus menschliche Wunschformulierung. Diese Wunschformulierung birgt aber einige Gefahren, die man nicht unterschätzen sollte. Im besten Fall zieht Ihr Nachbar weg. Es kann aber auch passieren, dass Sie wegziehen müssen. Sollten sie erblinden oder einer von Ihnen sterben, müssen Sie Ihren Nachbarn auch nicht mehr sehen! Ich zeige hier ganz bewusst sehr drastische Beispiele auf, damit Sie sich sehr bewusst mit der positiven Wunschformulierung auseinandersetzen.
Achte darauf was Du Dir wünschst – es könnte in Erfüllung gehen!

Ich lebe in Frieden mit meinen Nachbarn

Das ist ein Beispiel einer positiven Wunschformulierung. Vielleicht ist Ihnen auch die Mehrzahl in der Wunschformulierung aufgefallen. Damit erreichen Sie mit einer Wunschformulierung alle Nachbarn. Da man in der Regel mehr Nachbarn hat, beziehen Sie alle mit ein und verhindern, dass sich der Wunsch auf einen anderen Nachbarn auswirkt, mit dem Sie keinen Streit haben aber über den Sie sich möglicherweise in der Vergangenheit einmal geärgert haben.

Sehen wir uns ein zweites Beispiel an. Reichtum wünscht sich die Mehrzahl der Menschen, weil es das Leben erleichtert. Sie werden an der Wunschformulierung schon erkennen, warum es bei vielen trotz dem intensiven Wunsch nicht klappt. Es liegt wie so oft an der richtigen Formulierung!

Ich will reich sein

Eine auf den ersten Blick klare und einfache Formulierung. Jedoch fehlt hier woran Sie reich sein wollen. Man kann auch reich an Erfahrungen sein, oder reich an Entbehrungen.

Man kann reich an Freundschaften sein, oder auch reich an Wissen. Bei dieser Formulierung hat unser Unterbewusstsein breiten Spielraum, was es uns an Reichtum schenkt. Nun wollen wir aber nicht reich an Entbehrungen sein, deshalb müssen wir eine genauere Formulierung finden!

Wie wäre es damit:

Ich habe genug Geld um ein bequemes Leben zu führen

Diese Wunschformulierung führt dazu, dass Sie immer ausreichend Geld haben um Ihre Rechnungen zu bezahlen und Sie Sich viele Annehmlichkeiten leisten können.

Eine andere positive Formulierung:

Es fliest immer genug Geld in mein Leben

Auch mit dieser Formulierung werden Sie immer über ausreichend Geld verfügen.

Einigen von Ihnen wird jetzt schon eine Wunschformulierung wie ***Ich will fünf Millionen Euro haben*** im Kopf herumschwirren. Doch hüten Sie sich vor derartigen Wunschformulierungen. Sie könnten sich damit mehr Sorgen einhandeln. Wie legen Sie das Geld an, wo ist Ihr Geld sicher?

Mit den beiden Vorgenannten Wunschformulierungen stellen Sie hingegen sicher, dass Sie immer Geld zur Verfügung haben, wenn Sie es benötigen.

Noch ein wichtiger Punkt bei der Wunschformulierung ist Artikulation im IST Zustand! Vermeiden Sie ***Ich möchte, Ich will***, da diese Wörter unser Wachbewusstsein ansprechen, unser Unterbewusstsein damit aber so seine Probleme hat. Wenn Sie Sich die vorgestellten Beispiele ansehen werden Sie feststellen, dass bei den positiven Wunschformulierungen immer ein IST Zustand Artikuliert ist.
Unser Unterbewusstsein kann damit viel leichter arbeiten!

2. Sigillenerstellung

Nachdem Sie nun sicher schon einige Wünsche zumindest im Kopf formuliert haben wenden wir uns der Sigillenerstellung zu.

Als erstes schreiben Sie Ihren Wunsch auf ein Blatt Papier. Am besten verwenden Sie Großbuchstaben und wandeln alle Umlaute – Ö = OE, Ä = AE, Ü = UE

Nehmen wir unsere erste Wunschformulierung als Beispiel:

Ich lebe in Frieden mit meinen Nachbarn

In Großbuchstaben:

ICH LEBE IN FRIEDEN MIT MEINEN NACHBARN

Nun werden alle doppelten Buchstaben gestrichen und übrig bleibt folgendes:

ICH LEB N FRD MT A

Jetzt haben wir die Ausgangsbasis für unsere Sigille.

Aus diesen verbleibenden Buchstaben bilden wir unsere Sigille. Das bedeutet, dass wir mit den Buchstaben ein Bild fertigen. Wie Sie die Buchstaben zusammenstellen bleibt Ihnen völlig frei gestellt, es ist nur wichtig, dass Ihnen das fertige Bild auch gefällt. Nachstehend möchte ich Beispiele geben, wie eine fertige Sigille mit den Buchstaben **ICH LEB N FRD MT A** aussehen kann.

Die beiden Sigillen wurden aus den gleichen Buchstaben gebildet und haben die gleiche Bedeutung in unterschiedlicher Darstellung.

Die Materialien zur Erstellung der Sigille können völlig unterschiedlich sein. Man kann die Sigille auf ein Blatt Papier mit der Hand zeichnen oder sie am Computer erstellen und ausdrucken. Völlig freie Hand gibt es bei der Wahl der Materialien. Es kann als Träger Papier, Holz, Wachs oder andere Materialien verwendet werden. Zum Zeichnen der Sigille eignen sich Bleistift, Tusche, Tinte, Brandmalerei oder auch Ritztechniken. Es kann bei der Sigillenerstellung ganz nach persönlichen Vorlieben gearbeitet werden.
Man sollte jedoch darauf achten umweltfreundliche Materialien zu verwenden, da wir die Sigille nach erfolgter Transformation wieder freigeben.

3. Transformation

Die Transformation ist ein sehr wichtiger Punkt bei der Sigillenmagie!

Mit der Transformation laden wir die Sigille auf und transformieren unseren Wunsch in unser Unterbewusstsein. Da unser Unterbewusstsein anders arbeitet als unser Wachbewusstsein müssen wir eine Technik anwenden mit der wir den Wunsch in unserem Unterbewusstsein fest verankern können. Nur wenn wir unsere Sigille richtig aufladen und damit den Wunsch in unserem Unterbewusstsein einprägen wirkt die Sigillenmagie wie von uns gewünscht.

Ich werde Ihnen jetzt einige Techniken vorstellen, die geeignet sind unsere Sigille richtig zu laden. Welche Technik Sie anwenden hängt einzig davon ab mit welcher Technik Sie sich Wohlfühlen. Sie können auch eigene Techniken zur Aufladung der Sigille entwickcln. Wichtig ist dabei nur der Erfolg – die richtige Aufladung der Sigille und die Verankerung des Wunsches im Unterbewusstsein.

Aufladung durch Meditation

Bei der Aufladung durch Meditation sollten Sie einen ruhigen Raum haben und Störungen ausschließen. Sie legen die Sigille vor sich hin betrachten die Sigille und wiederholen immer wieder in Gedanken oder auch gesprochen den zur Sigille passenden Wunsch. Folgen Sie den dabei in Ihrem Geist auftauchenden Vorstellungen wie Ihr Wunsch bereits Wirklichkeit ist. Wichtig dabei ist, alle anderen Gedanken zu vermeiden! Wie lange Sie über der Sigille meditieren müssen, hängt ganz von Ihnen ab und wie geübt Sie in Meditation sind. In Meditation geübte benötigen hierfür zehn bis fünfzehn Minuten, weniger geübte können schon einige Stunden brauchen.

Die Sigille ist geladen und der Wunsch im Unterbewusstsein verankert, wenn konzentrierter Meditation die Gedanken und Bilder verschwimmen und dann ganz verschwinden.

Nun wird die Sigille wie bei jeder angewandten Technik ebenso transformiert. Sie können die Sigille *transformieren*, indem Sie diese vergraben, verbrennen, einschmelzen oder einem Fluss übergeben.

Aufladung durch ständige Betrachtung

Bei dieser Art der Aufladung platzieren Sie die Sigille an einem Ort, an dem Sie sich oft aufhalten. Das kann Ihr Arbeitsplatz sein oder ein Spiegel, an dem Sie oft vorbeigehen. Genauso eignet sich die Küche (Küchenkasten oder Eisschrank).

Jedes Mal wenn Sie die Sigille sehen formulieren Sie Ihren Wunsch intensiv und formen Ihren Wunsch in Bilder. Diese Technik ist der Meditation ähnlich und sehr wirkungsvoll, jedoch mehr geeignet, wenn Sie Probleme haben sich, wie bei der Meditation, längere Zeit zu konzentrieren. Diese Methode benötigt aber mehr Zeit bis die Sigille geladen ist. Es kann mehrere Tage oder Wochen dauern bis die Sigille fertig geladen ist.

Die Sigille ist geladen, wenn Sie die Sigille nicht mehr bewusst wahrnehmen. Anschließend die Sigille transformieren wie unter **Aufladung durch Meditation** beschrieben.

Aufladung durch Sexuelle Energie

Eine der wirkungsvollsten und schnellsten Techniken für die Aufladung von Sigillen. Mit sexueller Energie arbeiten Magier schon seit Jahrhunderten, weil sie eine der kraftvollsten und wirksamsten Techniken ist. Die Hauptrolle bei sexueller Energie spielt der Orgasmus, da während des Orgasmus das Wachbewusstsein kurzzeitig ausgeschaltet wird und ein direkter Zugang zum Unterbewusstsein vorhanden ist. Es erfordert aber auch hier manchmal etwas Übung, da man sich hier kurz vor dem Orgasmus voll auf den Wunsch konzentrieren muss und dabei die Sigille im Blickfeld haben soll. Es spielt aber keine Rolle ob der Orgasmus selbst herbeigeführt wird oder durch den Partner. Je intensiver der Orgasmus ist, desto mehr Energie wird frei.
Wenn Sie diese Technik richtig angewandt haben, wird der Wunsch in den Orgasmus getragen und ist kurz nach dem Orgasmus aus Ihren Gedanken verschwunden.

Die Sigille anschließend wieder *transformieren*.

Aufladung durch Lichtkanal

Bei dieser Technik wird die Sigille auf den Kopf gelegt, während Sie das Bild der Sigille und den zugehörigen Wunsch geistig vor Augen haben. Nun stellen Sie sich vor, wie sich über Ihrem Kopf ein Lichttrichter bildet und dieser Lichttrichter durch Ihren Kopf in Ihren Körper eindringt und direkt in Ihrem Unterbewusstsein mündet. Sie sehen wie die Sigille mit dem zugehörigen Wunsch sich in den Lichttrichter hineindreht und immer weiter hineinwandert, bis er plötzlich in Ihrem Unterbewusstsein verschwindet!

Diese Technik erfordert ein sehr bildliches Vorstellungsvermögen und funktioniert am besten vor dem Einschlafen.
Die Sigille ist geladen, wenn Die Sigille und Ihr Wunsch am Ende des Lichttrichters verschwindet und nicht wieder zurückkommt.

Die Sigille anschließend wieder *transformieren*.

Im anschließenden Teil dieses Buches finden Sie fertige Sigillen zu verschiedenen Themen, die Sie verwenden können. Diese Sigillen können kopiert oder nachgezeichnet werden, oder sie dienen Ihnen als Anregung für die Anfertigung eigener Sigillen.

Wenn Sie Sigillen aus dem nachfolgenden Buchteil verwenden, müssen Sie diese nur mehr mit einer der Vorbeschriebenen Techniken oder mit einer eigenen Technik aufladen um Ihre Wünsche Realität werden zu lassen.

Die nachfolgenden Sigillen sind zu den Themen **Gesundheit**, **Liebe/Partnerschaft**, **Geld/Erfolg** und **Persönliches** gestaltet.

Sie finden zu jeder Sigille auch den passenden Wunsch und können die Sigille jederzeit umgestalten, sollte Ihnen die Sigille nicht zusagen.

GESUNDHEIT

Wunsch:

ICH HABE MEIN IDEALGEWICHT

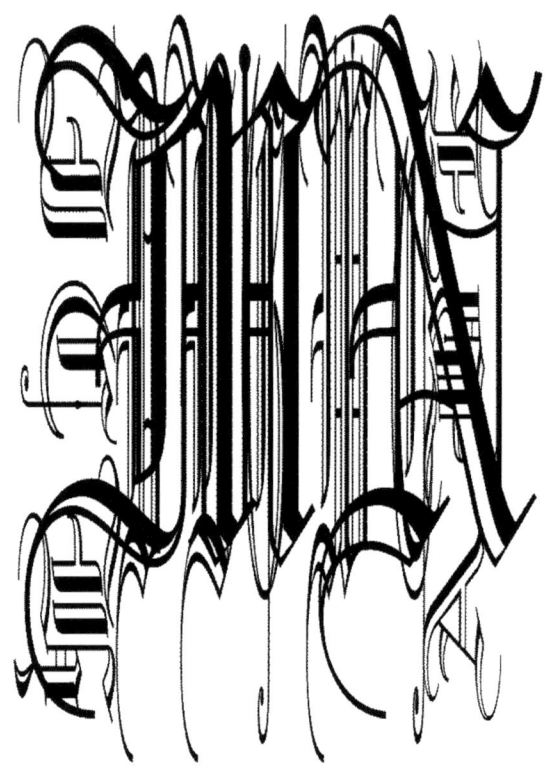

Ich habe mein Idealgewicht

GESUNDHEIT

Wunsch:

ICH BRAUCHE KEINE ZIGARETTEN MEHR

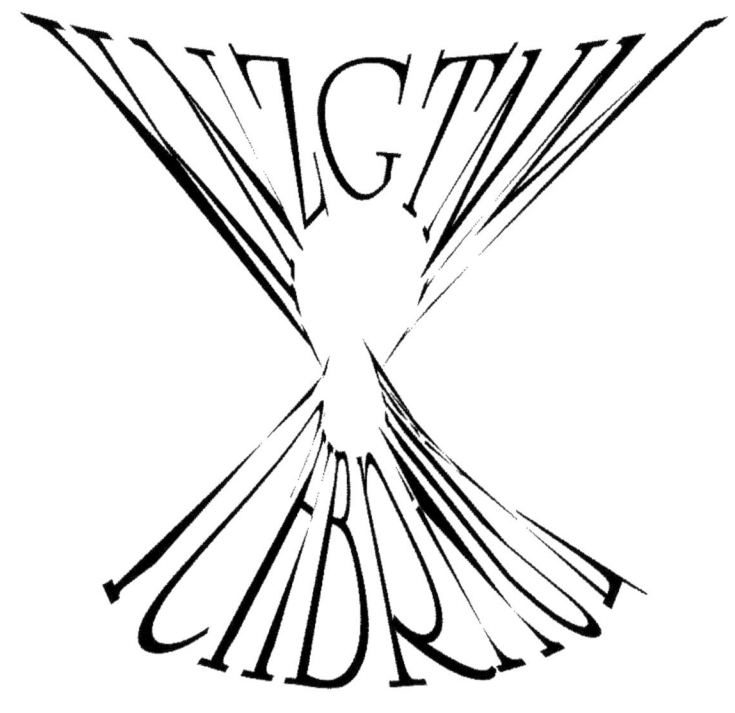

Ich brauche keine Zigaretten mehr

GESUNDHEIT

Wunsch:

MEINE HAUT IST GLATT UND GESUND

Meine Haut ist glatt und gesund

GESUNDHEIT

Wunsch:

MEINE SCHMERZEN VERSCHWINDEN SOFORT

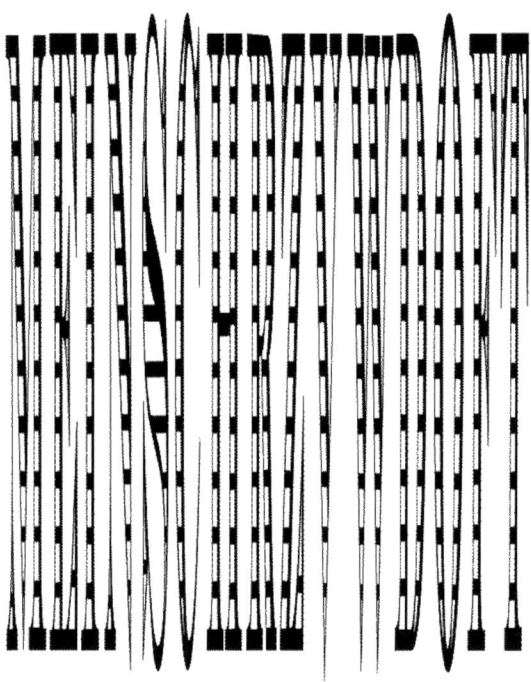

Meine Schmerzen verschwinden sofort

GESUNDHEIT

Wunsch:

MEIN DARM ARBEITET REGELMAESSIG

Mein Darm arbeitet regelmäßig

GESUNDHEIT

Wunsch:

MEIN KOERPER IST KRAEFTIG UND GESUND

Mein Körper ist kräftig und gesund

GESUNDHEIT

Wunsch:

MEINE DEPRESSIONEN LOESEN SICH AB SOFORT AUF

Meine Depressionen lösen sich ab sofort auf

GESUNDHEIT

Wunsch:

MEIN SELBSTBEWUSSTSEIN IST STARK UND AUSGEGLICHEN

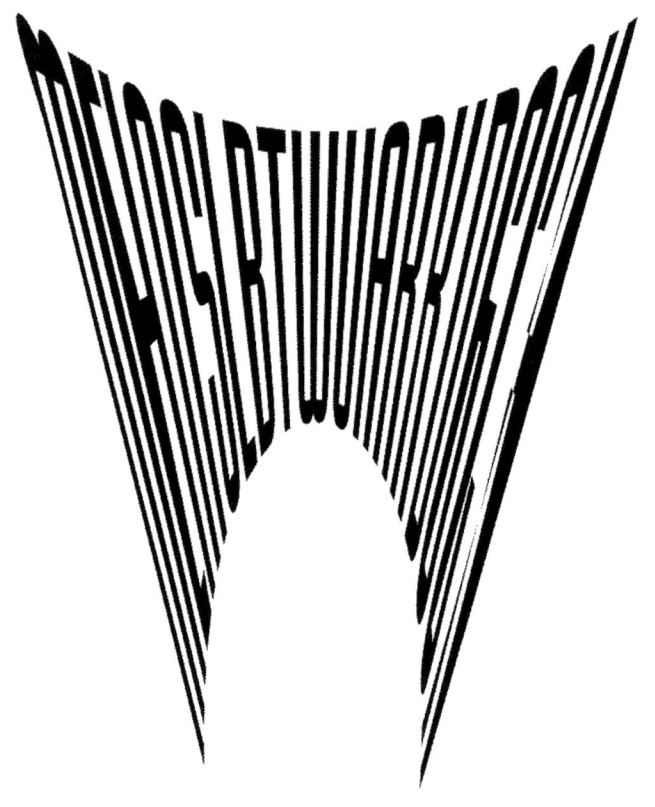

Mein Selbstbewusstsein ist stark und ausgeglichen

GESUNDHEIT

Wunsch:

ICH KENNE KEINE IRRATIONALEN AENGSTE

Ich kenne keine irrationalen Ängste

GESUNDHEIT

Wunsch:

**MEINE ALLERGIE VERSCHWINDET INNERHALB
DER NAECHSTEN ZWEI MONATE**

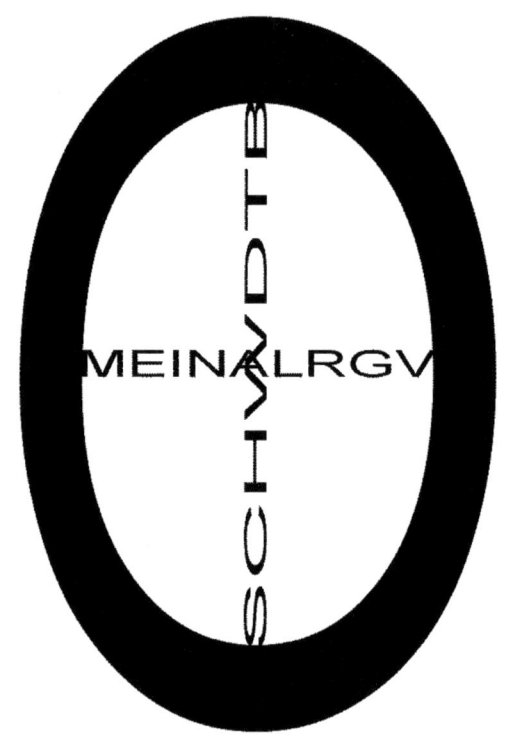

Meine Allergien verschwinden innerhalb der nächsten zwei Monate

LIEBE / PARTNERSCHAFT

Wunsch:

**ICH LERNE INNERHALB EINES HALBEN JAHRES
MEINEN IDEALPARTNER KENNEN**

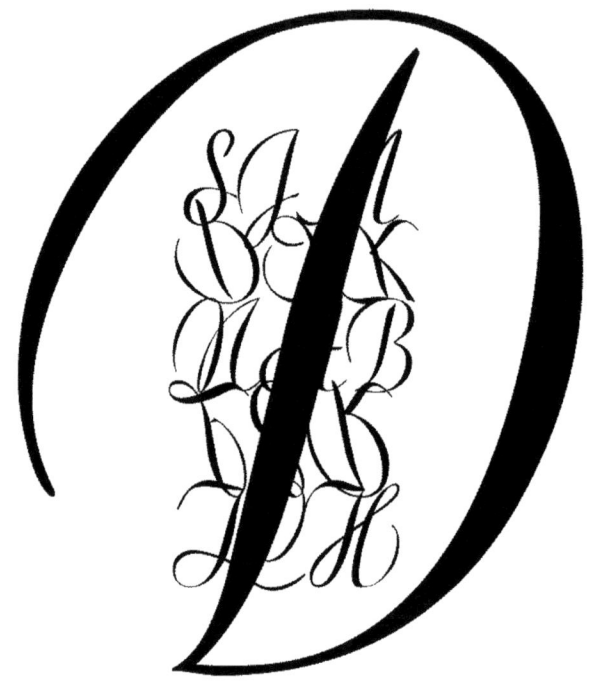

Ich lerne innerhalb eines halben Jahres meinen Idealpartner
kennen

LIEBE / PARTNERSCHAFT

Wunsch:

MEIN PARTNER KEHRT ZU MIR ZURUECK

Mein Partner kehrt zu mir zurück

LIEBE / PARTNERSCHAFT

Wunsch:

IN MEINER PARTNERSCHAFT GIBT ES KEINEN STREIT

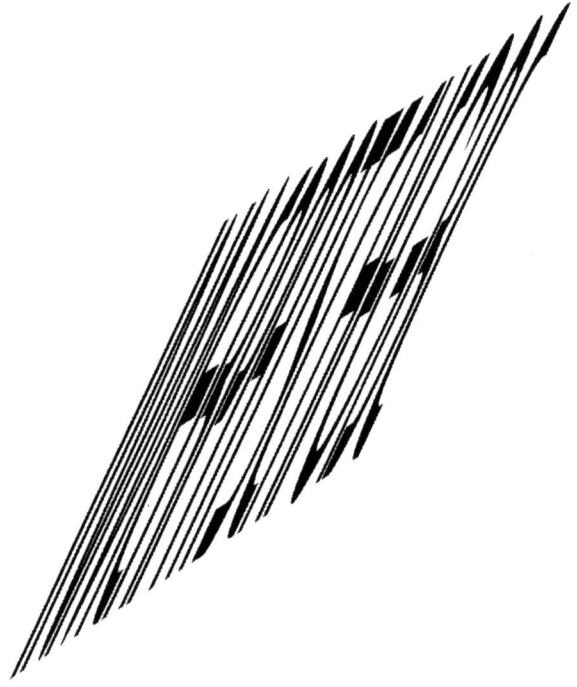

In meiner Partnerschaft gibt es keinen Streit

LIEBE / PARTNERSCHAFT

Wunsch:

MEIN PARTNER IST MIR TREU

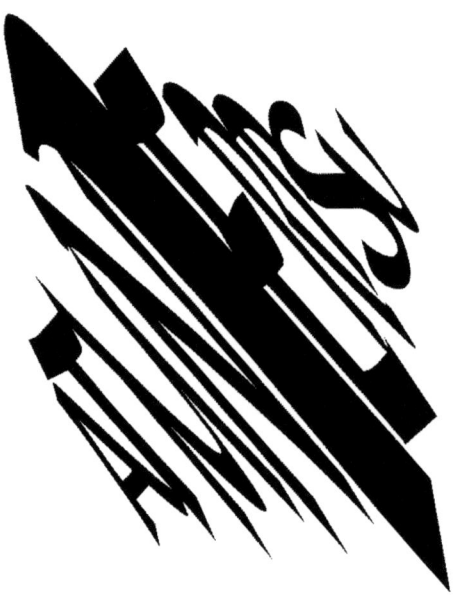

Mein Partner ist mir treu

LIEBE / PARTNERSCHAFT

Wunsch:

**MEINE SCHUECHTERNHEIT LÖST SICH SOFORT
AUF**

Meine Schüchternheit löst sich sofort auf

LIEBE / PARTNERSCHAFT

Wunsch:

ICH HABE EIN HARMONISCHES FAMILIENLEBEN

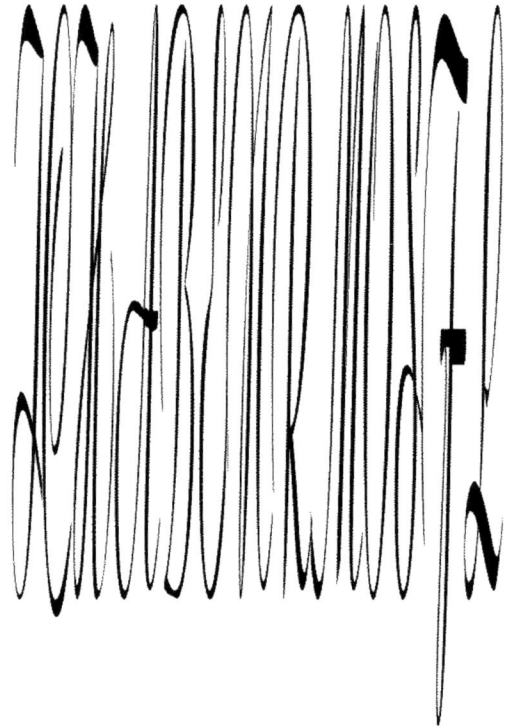

Ich habe ein harmonisches Familienleben

LIEBE / PARTNERSCHAFT

Wunsch:

MEINE KINDER UND ICH HABEN EIN SUPER VERHAELTNIS

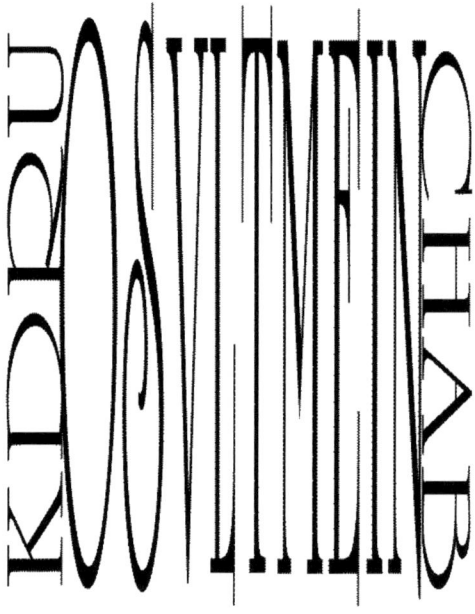

Meine Kinder und ich haben ein super Verhältnis

LIEBE / PARTNERSCHAFT

Wunsch:

ICH LERNE NUR ZU MIR PASSENDE PARTNER KENNEN

Ich lerne nur zu mir passende Partner kennen

LIEBE / PARTNERSCHAFT

Wunsch:

MEIN SEXUALLEBEN IST ERFUELLEND

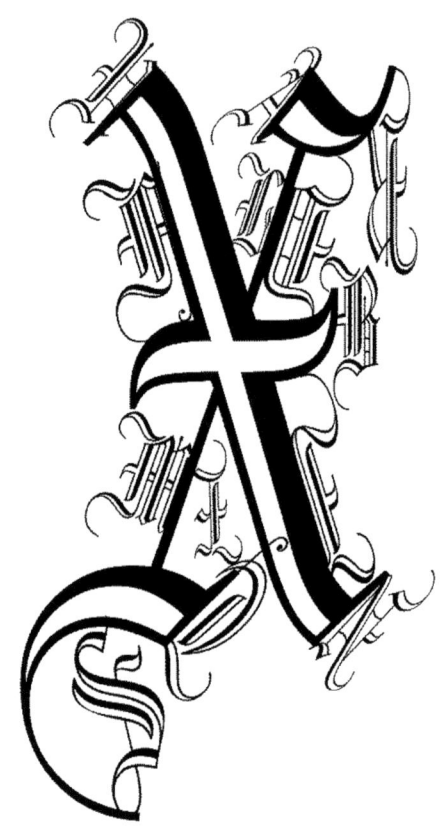

Mein Sexualleben ist erfüllend

LIEBE / PARTNERSCHAFT

Wunsch:

DIE STREITIGKEITEN IN MEINER PARTNERSCHAFT WEICHEN EINEM HARMONISCHEN ZUSAMMENLEBEN

Die Streitigkeiten in meiner Partnerschaft weichen einem
harmonischen Zusammenleben

GELD / ERFOLG

Wunsch:

ICH HABE IMMER GENUG GELD ZUR VERFUEGUNG

Ich habe immer genug Geld zur Verfügung

GELD / ERFOLG

Wunsch:

MEIN GESCHAEFT LAEUFT SEHR ERFOLGREICH

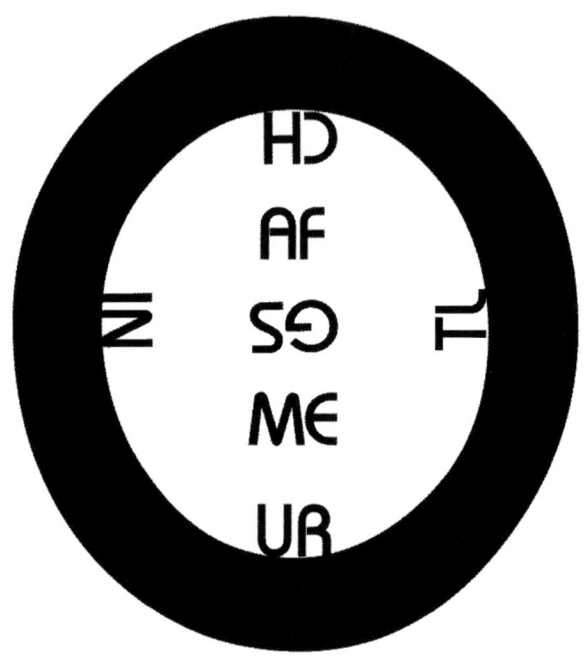

Mein Geschäft läuft sehr erfolgreich

GELD / ERFOLG

Wunsch:

MEINE KARRIERE GEHT STEIL BERGAUF

Meine Karriere geht steil bergauf

GELD / ERFOLG

Wunsch:

ICH BEKOMME IN DIESEM JAHR EINEN TOLLEN JOB

Ich bekomme in diesem Jahr einen tollen Job

GELD / ERFOLG

Wunsch:

MEINE FINANZIELLE SITUATION BESSERT SICH VON TAG ZU TAG

Meine finanzielle Situation bessert sich von Tag zu Tag

GELD / ERFOLG

Wunsch:

GELD FLIESST MIR LAUFEND ZU

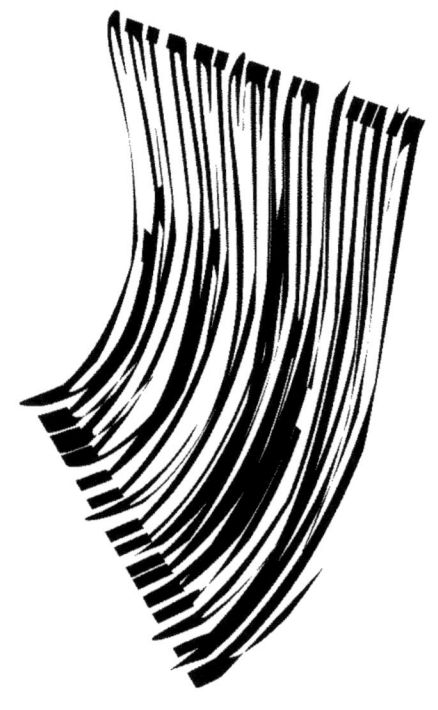

Geld fließt mir laufend zu

GELD / ERFOLG

Wunsch:

ICH LEBE IN FINANZIELLEM UEBERFLUSS

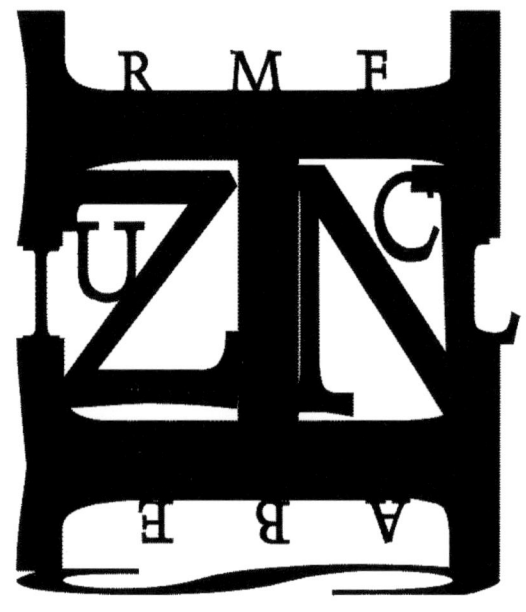

Ich lebe in finanziellem Überfluss

GELD / ERFOLG

Wunsch:

ICH BIN EINEN SEHR GUTEN GEHALT WERT

Ich bin einen sehr guten Gehalt wert

GELD / ERFOLG

Wunsch:

MEIN BERUFSLEBEN VERLAEUFT IMMER POSITIV

Mein Berufsleben verläuft immer positiv

GELD / ERFOLG

Wunsch:

ICH HABE EINE POSITIVE EINSTELLUNG ZU GELD

Ich habe eine positive Einstellung zu Geld

GELD / ERFOLG

Wunsch:

ES MACHT MIR SPASS VOR VIELEN LEUTEN ZU SPRECHEN

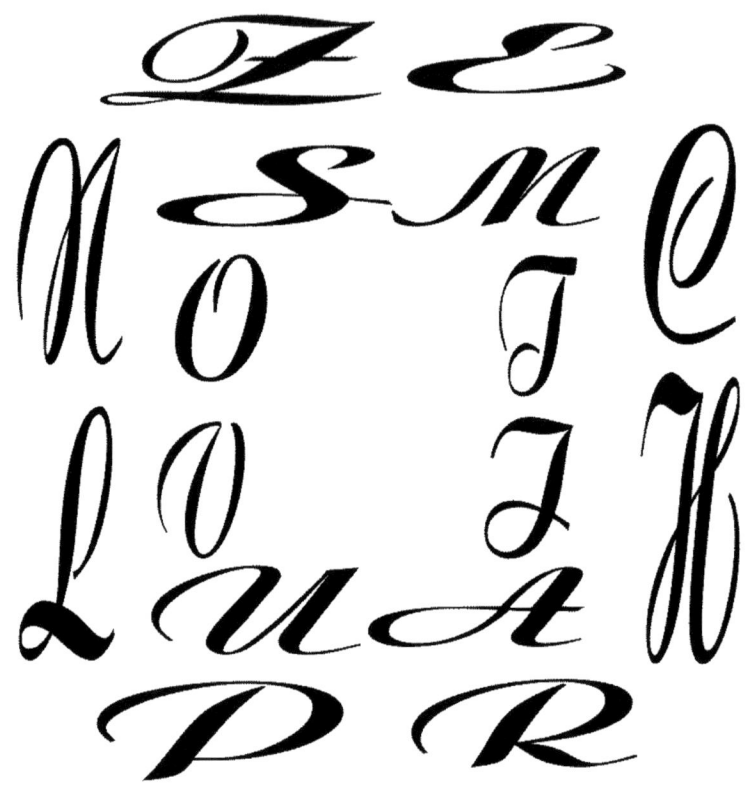

Es macht mir Spaß vor vielen Leuten zu sprechen

GELD / ERFOLG

Wunsch:

ICH BIN NUR VON AUFRICHTIGEN FREUNDEN UMGEBEN

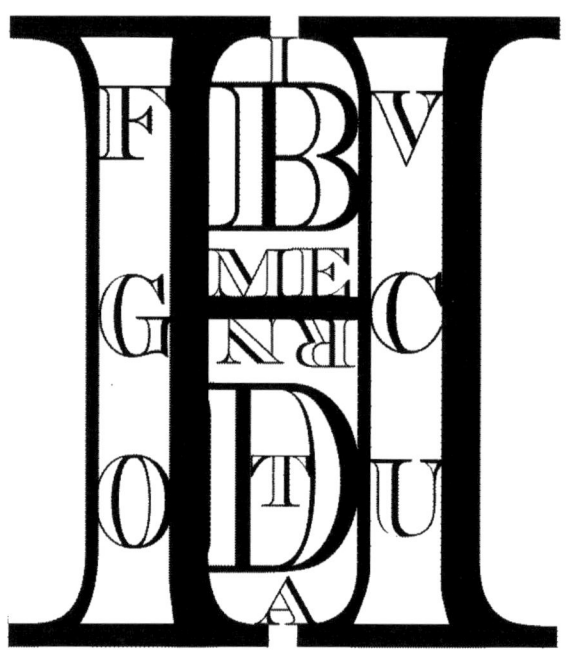

Ich bin nur von aufrichtigen Freunden umgeben

GELD / ERFOLG

Wunsch:

MEIN LEBEN BIETET MIR NUR GUTE DINGE

Mein Leben bietet mir nur gute Dinge

GELD / ERFOLG

Wunsch:

**MEINE WOHNSITUATION VERBESSERT SICH
BINNEN EINES JAHRES**

NIEW†MRCBI

Meine Wohnsituation verbessert sich binnen eines Jahres

GELD / ERFOLG

Wunsch:

**FREUNDE UND FAMILIE UNTERSTUETZEN MICH IN
ALLEN SITUATIONEN**

Freunde und Familie unterstützen mich in allen Situationen

GELD / ERFOLG

Wunsch:

**ICH TREFFE FUER MEINE FAMILIE IMMER DIE
RICHTIGEN ENTSCHEIDUNGEN**

Ich treffe für meine Familie immer die richtigen
Entscheidungen

GELD / ERFOLG

Wunsch:

DAS NOTWENDIGE WISSEN FLIESST MIR IMMER ZU WENN ICH ES BRAUCHE

Das notwendige Wissen fließt mir immer zu wenn ich es
brauche

GELD / ERFOLG

Wunsch:

MEIN LEBEN IST VON HARMONIE GEPRAEGT

PIEMGRBSTLVOAHU

Mein Leben ist von Harmonie geprägt

GELD / ERFOLG

Wunsch:

WAS ICH BEGINNE BRINGE ICH ZU ENDE

Was ich beginne bringe ich zu Ende

GELD / ERFOLG

Wunsch:

FREUDE BEGLEITET MEIN LEBEN

Freude begleitet mein Leben

Ich wünsche Ihnen viel Erfolg bei der Arbeit mit Sigillen und freue mich wenn Ihnen dieses Buch als Anregung oder Hilfestellung dient.

Weitere Informationen über Sigillenmagie finden Sie im Internet unter http://sigillenmagie.blogspot.com
Hier können Sie auch Ihre Erfahrungen mit Sigillenmagie mitteilen.

Werner Marko   Juli 2010